APASIONADAMENTE

María Kant
(Kantonidu)

APASIONADAMENTE

Traducción
José Antonio Moreno Jurado

EL ÁRBOL DE LA LUZ
71
ΤΟ ΦΩΤΟΔΕΝΤΡΟ

Padilla Libros Editorial y Librería
Sevilla 2025

C O L E C C I Ó N
P O É T I C A
D E   A U T O R E S   G R I E G O S
C O N T E M P O R Á N E O S
E L   Á R B O L   D E   L A   L U Z
Τ Ο   Φ Ω Τ Ο Δ Ε Ν Τ Ρ Ο
N.º 71

Título original: *Περιπαθώς*

ISBN: 978-84-8434-064-5   D. Legal: SE 892-2025

1.ª impresión, mayo de 2025

Padilla Libros Editores y Libreros
C/ Trajano n.º 18. 41002 Sevilla (España)
editorial@padillalibros.com

Impreso en Podiprint
Impreso en España – Printed in Spain

AUDAZ E IGUALITARIAMENTE

Y de pronto se calló y comenzó a hablar —hermoso rostro, gran angular, con constructores, estrías y partes ligeras de la piedra (qué muescas también para la poesía) Un poco antes y más afuera la antigua cantera y los cocheros.

Tiempo invencible en la batalla, ya no tengo tiempo para historias míticas, le dijo audaz e igualitariamente.

ESTA CONTIENDA

Monólogo de joven de blanco en patíbulo o en
tribuna alta de un estadio de bello mármol o de
otra clase:
[...] Insisto sin embargo que en mis espaldas
llevo el cielo y la sorpresa, nada
que no sea piel o entraña o hueso
y no, no el dintel de una puerta indiferente,
ni de un instante desconcertado.

En tales momentos oigo a Hércules
decir *no hay más con esta contienda*
Viste una blanca T-shirt de lana de vidrio
Y se impacienta por lavarla en el mar.
Lo mismo me impaciento yo también.

ÍCARO

En las herrumbres de Lavrio, núm. 7,
lanzan guijarros a un Ícaro
(nadie duda de sus intenciones de jugar)

—cae anodinamente, le interpretan.

Se ha adelantado el sol.

QUÉDATE AQUÍ DELIBERADAMENTE

Antes de nada, no te rías de dejar tu sábana para
el barco que hiende el Helesponto, blanco también,
no digo, y de múltiples formas, aunque cansado,
algunos mástiles todos mohosos, algunos comodines
atascados, algunos dilemas falsos.

Quédate aquí deliberadamente.

Interviene el ruido de una cerilla.
Y después de nuevo tranquilidad.
Dicen mucho de ella.

EL COCHE QUE ENVIDIABA
A LOS BARCOS

Ni comprendí jamás cómo me encontré corriendo
(yo, mi barco, mi pensamiento sobre ruedas, mi
paga, y este razonamiento mío derecho) por calles
con inclinaciones y nudos y pequeños hoyos —*qué
seréis cuando crezcáis* nos pregunta la maestra de primero,
qué querríais, corrige— parapetos y stop y bandas de
emergencia de necesidad para accidentes al azar o
también dichas de emergencia, siempre también ellas.

puesto que existe la ola

Como comprendéis, se trata del caso habitual de un
coche pequeño del cubismo que envidia a los barcos
insoportables, glosó el especialista.

¿Habitual dijiste?
Habitual.

SUEÑO O ENSOÑACIÓN DE SOMBRA

Sueño o ensoñación de sombra, pregunté.

Sueño, respondí,
cualquier cosa más abierta, más blanca,
    blanquísima,
más incapaz de combate, más viaje a las
    Citeras.
Entre tanto, quizás sea necesario sacudir la
    arena
de entre los dedos.

OXÍDANOS

Y después te sentaste en la silla de patas
plegadas
(siempre existe semejante silla
en las casas con patios interiores)
y te encontraste mirando
una montaña y el mar

oxídanos, le dijiste.

Tengo una idea:
Poco antes de enfriarme inimaginablemente
intentaremos mantener una serie de preferencias.
Así o de otra forma la montaña queda inmóvil
y lo de plata, de plata, digo, esas cosas
relucientes
pierden la tierra bajo sus pies.

TIC TAC

Entras temprano al jardín con mis casas,
tocas el espejo, lo golpeas, me despiertas las
alas,
los perros y las verdes hojas,
podrías mejor utilizar la llave,
¿por qué no lo haces? ¿por qué no lo haces?

Me gusta, dirás, en las entradas teatrales
y en los golpes tic tac,
me mirarás, ya,
como alguien que no ha entendido lo que
acabas de decirle
para romper el hielo,
¿qué sea clamor el polvo que levanta la tierra?

Entretanto el gramófono toca algo nuestro.
Tan completamente afortunados, tan
cómplices.

AGRANDÁNDOTE EN TU MENGUANTE

Un poco más abajo jadea una luna.

Descarga cajas con lobos y otros
invertebrados,

Lava en el estanque sus armas, rojas aún allí.
Así exactamente te trillaré.
Con una luna en tu pared.

Casi luna llena.
Casi autártica.
Casi lucrativa.

Agrandándote en tu menguante.

ESCENA EN HABITACIÓN
CON CAL Y ARENA

Carmen Kozima Nina Salomé
te regalo mis oídos en una bandeja.
Y mi boca.
¿Qué quieres decirme? ¿Qué vas a arrancar?
Mi café matinal y el 7° velo.

QUE NO TE VISTAN LIVIANAMENTE

Piensas que te dejaré desaparecer en la nieve, dijo y comenzó a vestirse casi sin atención, casi provocativamente, casi a la manera de Iuli en la playa, partiendo en cada ocasión de la bufanda, las conchas y de los herpes, y entonces, oh entonces, recordé tu cuerpo y cómo se desterraban las palabras en tu cuello para que te vistiesen livianamente.

Ardes.

Hace meses ahora Iuli regresa quemada.

VECES EN QUE DESNUDARON MUCHO

Las veces en que se desnudaron mucho en
    escasa luz,
junto al quiosco de cosas turísticas y el globo
roto y el banco roto y los coches aparcados
ilegalmente (alguien informará finalmente al
    ayuntamiento, eran, no digo que no,
    placenteras.

Toques delicados, lavados apócrifos,
    palabritas,
—se besaron ya entre muchos y en parte.

Ahora los cielos les ponen hilos
(tema queridísimo de la poesía)
y vías del tranvía.

EN HEPTAJALKU

Las veces en que nos besamos mucho en
    Heptajalku
con medio abrigo, crepúsculo y lluvia junto a la roca
con las ventanas de doble puerta y las cornisas en los
asientos y las habitaciones y la blanca indicación al lado,
«Conservad limpia la roca» escribía quedamos
preguntándonos por qué sólo la roca y no toda
la hermosa calle de Heptajalku con sus granates
alféizares y las fotografías de bodas en las cornisas.

Lástima de quedarnos con tales dudas, unas veces
antes o también en medio y otras veces
inmediatamente después de nuestros tiernos
abrazos.

VINILOS, TIMONES Y POPAS

En toda ocasión
en la baraja existen vinilos, timones y popas,
probablemente también una tormenta oscura
en el extremito, seguramente, siempre, un
        manojo de llaves oxidadas

y tu boca.

Inmovilizaba la ola, dirá.

¿Aquí y en otro sitio y siempre? preguntará.
En horas de vigor para alguien, que no
        predominen
los adverbios, responderé tiernamente.

UNA SOMBRA INCÓGNITA

Sin embargo con mi sombra construyo una sombra incógnita. La hago de la misma manera. En la pared, en el sonido, en el espejo del hall, del parabrisas y del baño rectangular, entre ellos, entre ellos cuidadosamente y además entre los idénticos, en cualquier coartada. Los domingos le permito que ella misma me forme. Siendo nuestra relación, en verdad, fuertemente particular, quizás un electrón mío. Y, al fin de todo, cuánto resistirá en la cueva.

Que me desees como primera criatura

sea.

GUADALQUIVIR

Llueve o
es mi amor que ulula y teje
en camino hacia el mar y al pequeño patio y al
lejano Guadalquivir
(gotas gordas, sin sintonía, fuga).

Se baña, afirman los especialistas
y se remiten a Lorca.

Se levanta el Garbí.

LOUDSPEAKERS

Hoy a las 7 háblame de megáfonos
de cuerpo entero, amados y en bruto como
                              pasión recién nacida.

Me esperan silencios y lo necesito.
— ¿Dijo pasión?
— Eso dijo
— ¿Y silencios?
— Y silencios.
— ¿Se oye, dices, la pasión?
— Se oye como la luz.

Pocas las ventanas iluminadas en la ciudad.

TODO CARNE

Te dijeron muro con palacio y te caminé
inaceptable, desvergonzadamente, todo carne

y qué palabras tus mapas y qué camino
    particular.

Así salgo también de tu interior, te llamaré de
    otra forma,
criatura, digamos, crápula y murito con jardín.
Quizás, especialmente, también con tu nombre
    de pila.
Y hablaré con tu boca.

Quítate las chatarreras, te diré,
Y restriega bien las sábanas bajeras y los
    cementos
de un palacio, además, que queda.

SEA THROUGH CLARABOYAS

Arrastra un mar al azar,
(no cierra ojo, lo sabes)
y escuchó de buen talante los detalles:
continuos chapoteos en el tobillo,
el cou de pied y las presentaciones,
17 olitas disueltas y fusión
y otras tantas rompiendo sus fauces
en los sea through claraboyas
(deslumbran fácilmente, lo sabes).

Qué pena, no conocí a nadie mío.
Salí, sin embargo, al pasamanos y me detuve.
Apenas aquel momento. Completamente
    diáfano.
Limpísimo. Apasionado.

Más ola la ola que se encuentra con ola.
Más mar y amor y poro.

TIRIRÍ

Por eso también continuamente contradigo.
Digo, digamos, me voy in situ o me salta un
    lago
y cuanto se desliza en mi planta del pie.

No olvidaré el tirirí del barquero.
Tenía además sentimientos.

MÁS PEQUEÑO CONTRA ALGO

Olvidas que has muerto y vuelves más pequeño contra algo, te sientas, sin embargo, allí e insistes en pellizcarme cajones, cabellos y tobillos de Aquiles, quieres tenderme

cae, me dices, tírame, respondo, cae para decir que te arrojé dentro, no es pena, insistes y sacas de tus bolsillos palmas, agujas no oxidadas de costura y otras mordeduras, se descosen costuras de mis faldas, se descosen también las tuyas.

Más roja que la roja manzana de época
la eventualidad de la ausencia.

N COMO NOSTALGIA

Después dirás «gotea la fuente inoxidable».
Y yo diré «gotea el prodigio inoxidable».
Las partes de tu pecho, dirás como a. C.
Las partes de tu palabra, diré como a. C.
En cama de estrategia.
En pasamanos de estrategia.

Los prodigios son compactos,
Especialmente a uno lo he rellenado con
    materiales inertes,
regresarás despreocupadamente.
Los prodigios son sabrosos,
Especialmente a uno lo he amasado con hojas
    del Edén,
regresaré igualmente.

Lo más sabroso de un prodigio
que se mueve, la eventualidad de
uno verdadero. Día más sabroso.

TIERNA Y FEBRILMENTE

Sin embargo no en esta eventualidad te
    tiendes,
no en esta muerte insípida y, crac, me tiras de las
sábanas y, crac, me levantas el cuerpo y, crac, me
hiendes el pecho, lo arrastras, lo abres, le vacías
el vacío y hundes en él una mariposa —debía ser
blanca, quizás con manchas amarillas, quizás con
hierbas, quizás con nada, aletea siempre cuando debe,
tan tiernamente con violencia, tan febrilmente— los
coches tocan las bocinas en los carriles,

son también nuestras batallas que luchan igual,
tan tiernamente con violencia, tan febrilmente.

PORQUE DESPUÉS VOLVERÁS AL HOY

Ahora estamos
exactamente en el momento en que miramos
a los transeúntes en la calle, a dos o tres soles, a dos
o tres héroes, a dos nubecillas en menguante, a una
bella mariposa con manchas en las alas y algunas
oportunidades en el extremo, quizás significativas,
quizás no, pasando sabia, continua e inoportunamente
ante y en derredor de nosotros, en el momento
exactamente en que nosotros intercambiamos
colillas, besos y cajas de música de manivelas bajo
la sombra de una montaña dominical o de una roca,
imprescindiblemente sagrada o, aunque sea, de una
tienda de colores alrededor.

Ahora. Porque después volverás al hoy
(lo ardientemente añadido a sí mismo).

Que vengas por allí o por acá, que me
    regreses.
Que restes del ayer inalterable.

NO SE VAN LOS TRENES
SINO LAS ESTACIONES

No se van los trenes sino las estaciones.
Y las estaciones no tienen muerte.
Ha de aceptarse.

Afuera resplandece un quiosco y tú me hablas
    de ukeleles,
dímelo, alrededor sillas y mangos
en excelente estado por el momento
como exactamente también las vías bajo
    tus pies.
¿Qué otra prueba quieres?
Ninguna.

LÁMPARA DE SUELO

Hora tercera nocturna. Insiste Franz Kafka.
Pide una luna y se la bebe.
Se vuelve lámpara de suelo de 27 días
e inmediatamente comienza a disminuir.
Me asombré, se burlará.

Tantísimo optimista.
Tan desesperado.

En el bar se oyen monedas
y un interruptor que cierra.

PARAPAPÁN

Qué ruido también esta sombra
de la tarde y qué autárquica
(y qué tambor malvado,
parapapán, parapapán).

Te lo vuelvo a decir por milésima vez,
apagaré la luz y te apagaré
o te cogeré la pantalla de proyección,

y nadie.

CAMERINO

Otros te llamaron camerino.
Yo, habitación con espejo y
catorce lámparas de tormenta

duro hueso de fruta este papel.
Desnudarme, tranquilizarme.

Se oyen pasos.
Cut.

GLOTONERÍA

Una miel en mi tierra, dos mieles en las patas
(glotonería, glotonería me alimentan, las
        alimento yo también)
y una piragua en el bolsillo ad libitum.

Granulado el sabor, confirmaré más tarde.

¡ALTO! ¿QUIÉN ERES?

¡Alto! ¿Quién eres?
Tu alma desnuda
[amenaza]

Más alma tu alma en cuerpo, alma mía.

PAISAJE CON NEGRO BRILLANTÍSIMO

Paisaje con negro brillantísimo, dócil,
inflexible y un espermaceti en la mano,
sostenme, me dices, sin ninguna ropa,
sin pudicia, sin cuerpo,
sin boca siquiera en forma de manzana.

Y saca la maceta al alféizar.
Así volveré a prosperar.
Como tiernamente terminado.

En el patio respira el caballo.
La ropa en la cuerda
se ha secado hace mucho
y el Coro prepara el párodo.

FALDA DESNUDA

A la falda desnuda la gira el viento,
le rompe las aves y le coge los huesos,
pierde peso y le da alegría.

Debilidad mía, sabes, el pesado Zeibékiko.
Lo digo a cuantos me dicen idea o llanto o
    símbolo.
Sencillamente un pretexto para poesía.

¡OH, SÍ! SONRIÓ ULISES

¡Oh, sí!, sonrió Ulises.
Fui coqueta. A mí me deseó el rapsoda, a mí el
ingenioso, por mí cualquier pretexto y las fantásticas
lanzas y los duros barcos de línea. Los años que
siguieron, años quizás u horas o árboles sin ramas,
desconocí Troya y me tendí.

¡Oh, sí, río alguna vez y mi risa sube
de mi boca entreabierta,
de mi propio cuerpo lleno.
Soy la que quise ser.

EROTIKÓN

En tus dientes existen aún granos de viejo pergamino (los comes con cuchillo y tenedor de alta estética), venillas bloody mary y otras bebidas dulces, residuos de leones (les ruges) y un corzo.

Cosas sencillas.

Y sin embargo.

PLANO CON SOMBRILLA DE MAR

Plano con sombrilla de mar de seda y algodón.
Y envuelta lanza de ángel.
Bajo ella, alrededor de ella, en ella,
nuestros cuerpos preparados.

Al fondo olas de ayer y una acrópolis que se
    enciende y apaga.
Ninguna cantina para agua embotellada y
    transistor.

Te bebo.

EL MAR, DICE

El mar, dice.
¿Por qué no me acaricias el mar?

Cuando

a nuestros pies sube una pena y un barco de línea
indefenso navega un poco y se sacude, mojado el
viento y los blancos porn corn del pequeño vendedor,
vanidad de vanidades, se indigna.

El mar, dice.
¿Por qué no me acaricias el mar?

LLENAN LOS FLOREROS A PUÑETAZOS

Otros te llaman estatua de ojos completamente
blancos, ni siquiera aparece el negro, quizás un poco
de rojo cadmio en el blanco del globo
    ocular.

(Sólo si me mirases de cerca)

Las mañanas te desempolvan con tierna vela,
arrojan tus cenizas a la cuba,
fumas mucho, es verdad, razones de salud
    seguramente.

(Sólo si me miraran de cerca)

Días que son, llenan los floreros a puñetazos.
No te turbes, emblema también eso de
    Dioniso.

ES TEMPRANO YA

Háblame.
Quiero besarte.
Háblame, escucho.
Quiero que me beses. Que me beses
    besándome.

Blanco en mi negro tu cuerpo.
Vamos ahora. Vamos. Es temprano ya.

CUANDO SOPLA EL VACÍO

Cuando sopla el vacío,
las sillas dejan de ser sillas

(en absoluto chirrían, en absoluto crujen,
en absoluto se frotan con el cuerpo que falta).

¿QUÉ BESARÁN CON
SUS CUERPOS AHORA?

Era un hermosísimo vacío, vacío de aire, vacío de
memoria, vacío monumento, vacía habitación, vacía
cama, vacía tarde, vacía letra, vacío argumento, vacío
entre moda y muelle, vacío conjunto, vacío entre
puertas en los edificios públicos (famas quieren que
parejas y otros suicidas pasen por allí para caricias y
otras bebidas dulces), un hermosísimo, repito,

vacío
que se llenó.

Algunos profanos
(historiadores, poetas y otros habilidosos)
blasfemarán la hora y el momento.
¿Qué besarán con sus cuerpos ahora?

BAJO LOS DIENTES DEL MEDIODÍA

Sé que
que si tiendo mis manos se apoyarán en ti
y la nieve en mis suelas y en mi chaleco
y
en los techos de las casas de hermoso acabado
y
en aquellas aves bulliciosas en los bulevares,
la nieve, digo, se derretirá
y entonces responsables y deambulantes
quedarán encantados
y tendrán una alta conversación con sus
     cuerpos
y qué partes de ellos existen por sí mismos
y qué partes dentro de los cuerpos
que han tocado con sus manos

bajo los dientes del mediodía y en otros sitios.

ENTONCES, SÍ,
CONTINÚAN CORRIENDO

Entonces, sí,
continúan corriendo con la misma
    despreocupación
(con el mismo conocimiento sucesivo y
    arrogancia)
los tranvías, las aguas y los hermosos caballos, niños
con zapatos de charol y camisetas de algodón en los
patios y en los campos y, sí, sus espaldas, principalmente
éstas, pegadas a inodoros interiores en hora de servicio,
en hora de descanso, a su hora, cuánto tiempo tenemos
aún, preguntan, polen levanta la planta de sus pies.

Y ¿entonces?

REGRESA

Hora séptima de la mañana.
Insistes en que te reivindiquen imperativos
como, por ejemplo,
apaga (la) luz y regresa.

En la pared de enfrente charla un espejo.
De cuerpo entero. Casi votivo.

DENTRO DE MI CASA

Dentro de mi casa crece un árbol de barro. Tiene muchas raíces. Tiene muchas raíces. Algunas se secarán por su voluntad. Antecederá combate a plena luz. Cuantos se distingan, se dejarán injertar el suelo y la hija de Dímitra.

Te dejo ahora, ten cuidado, le murmuro por las noches con simpatía. Podría, seguramente, mantenerte para mi entretenimiento, escarbar, digamos, aquí y allá, en tus raíces, pero quién las cuidaría, quién las cuidaría, el suelo también está lleno de dulces y agujeros.

TRANSPARENCIA

Qué transparencia, dijiste, y apareces.
Las palabras son tímidas también y se
    ruborizan.

ES POSIBLE

Mi luz aprovecha una luz
(ancha, gozosa, amadísima)
y un es posible-limones
duermen en mis alféizares.

Insisto: deja las luces a su verbo.
Es posible que te viaje sin estar yo presente.

VIAJÉ

Viajé mucho. Principalmente a mi despacho y
   a otros parajes.
En un poema, especialmente, subí a cátedras, a
   escaleras mecánicas y lunas llenas.

Ahora ejerzo el oficio de comparsa y
atravieso pequeñas y grandes travesías de
   transeúntes.

Mi zapatos se vuelven raíces.

Es que a mi alrededor corren lobos cantores,
desarrollos políticos y sus zumos.

OLA

Qué cansancio también este vaivén.
Al fondo se arrastra otra vez.
Ola te llamaron, lo has dicho.

EL REGALO

Te dije abre tu regalo. Me dijiste abre tú también el tuyo.
Las cortinas estaban cerradas y los muebles tranquilos,
dices. Rompemos el embalaje violentamente aunque
despacio. Se oyen cintas adhesivas y un pequeño vals.
Rema y entra en la habitación. Lo interpretamos. En
la caja nos detenemos un poco. Sólo un poco. Qué
hermoso. Me dices que te gusta mucho. «Y a mí». Me
dices que eso es exactamente lo que quería. «Y yo».
Me dices que nunca tuve nada semejante. «Ni yo».

Tan tiernos entre nosotros.
Tan ardientes zarzas.

UNA ESCALERA MÉNADE

Recuerdo poco una escalera.

—Una escalera ménade.

—Que sube hacia arriba.

—Que baja hacia abajo.

—[Pleonasmo
También tuyo]

—Con habitaciones juntas.

—Y paredes al lado de otras.

—Con alfombrillas de entrada.

—Y alfombrillas de salida.

—[Pleonasmo
También tuyo]

—Que capturan el polvo.

—De escaleras y descansillos.

—De nidos y de hojas.

—Y de otras cerraduras.

—Recuerdo poco una escalera.

—Una escalera ménade.

—Y un tacto.

—Un tacto en las armas y las alfombrillas.

LA NADA ES NADA

[...]

—Siento en mí como si no sintiera nada en mí,
   digo.
—Oigo tus tripas con estridencias, dice.
—Un cuervo se lanza al árbol, digo.
—En mi mente tenía una gallina campera, dice.
—Nevermore, remito,
—En ayunas de ninguna manera, remite.
—Nevermore, Nevermore, insisto.
—Bolsa que un día tuvo cemento, insiste.
—Que quedó ¿en qué?, pregunto.
—¿La bolsa o el cemento?, pregunta.
—Y los dos sin dinteles, respondo.
—No hay tiempo en absoluto para metáforas,
   responde.
—Medias en el suelo, vuelvo.
—Barrigas vacías, vuelve.
—Ni siquiera aquí un aullido, digo.
—El cenicero requiere sus peces gota, dice.

—Y sus cenizas, digo.
—Para llenar el vacío, dice.

—La nada no es vacío. La nada es nada, digo.

CÓRDOBA

Desde hace dos meses en nuestra casa se esconde un pájaro negro. No sé su raza pero me parece que tiene el aspecto de Lorca. Estoy en la cama y bebo cuando lo oigo venir. Enciendo la luz y avanzo al salón descalza, sé que eso te molesta como, también, que llevo conmigo la botella. Podría ocultártelo pero me oprime el tiempo. Tengo, ves, que limpiar el suelo de mis pezuñas. Y aquella procesada grava. Y los bajos manzanos que germinan en tus ojos, pero nadie ve que te han devorado. ¿Cómo se compone la primavera?, dirán. Él insiste en ocultarse bajo la mesa larga y estrecha. Por más que yo lo intente. No distingo bien su tronco, es también el encaje árabe que me impide el juicio de las cosas. Debe, siempre, ser de cuerpo alto, las patas de la mesa están en el aire, si alguien se sorprende la levanta en su espalda, se volverán daños, lo que tiene encima o por encima caerá, tu fotografía, digamos, las botellas de vino de marca, la guía de viajes y esto último, particularmente, debo evitarlo. Todo sacrificio. ¿Cómo de otra forma te llevaré a Córdoba?

PASO DOBLE

Aquella noche la encontró planchando una falda roja de tafetán. Abría una a una sus arrugas y metía dentro la plancha. La imagen lo trastornó, Acercó la falda y metió sus manos en su profundo escote, aquí apoyaría su pecho. La mujer levantó la plancha en postura recta y caminó por allí. «No me la estropees», la oyó decir. Sus labios estaban cerrados. El hombre agarró la falda de la tabla de planchar y la pegó a él. «Sólo así el final del final», lo escuchó decir. Sus labios estaban cerrados. La tabla de planchar osciló con gracia, finalmente, algo se movió aquí dentro, dijeron los dos al mismo tiempo. El hombre cogió la falda por los hombros y la colocó ante sus ojos. La mujer cogió la plancha por el mango y la colocó en las de él. El hombre sostuvo la falda por la cintura y comenzó a caminar, izquierda-derecha- izquierda-derecha en el mismo sitio. El hombre metió su mano en el volante de la falda y la palpó, aquí estarían sus caderas. La mujer escupió en la plancha y la plancha echó chispas.

¿Por qué me viene a la cabeza esta imagen con lo externo de su interior? Tiró al suelo la falda y la pisoteó. ¿Por qué me viene a la cabeza esta imagen de lo externo de su interior?, se preguntó la mujer. Arrancó la plancha del enchufe y se la arrojó a la frente. Se escuchó romperse un cristal.

Por la noche durmió con falda.

FEDERICO GARCÍA Y LORCA

Y después, Federico García y Lorca, tus versos.

De percusión.
Aseguran
el verbo.
Aseguran el poema.

Si no en caminos provinciales con
    señalizaciones,
en casa con felpudo, también de percusión.

Si no en la tuya o en la mía, en esta
solana con hall y decoraciones de paredes.

Y no después, tras. Ya no hay tiempo.

Los movimientos del mercurio son análogos en
el hemisferio norte y sur. Insospechadamente
también en tu cuerpo y el ecuador.

ÍNDICE

ÍNDICE